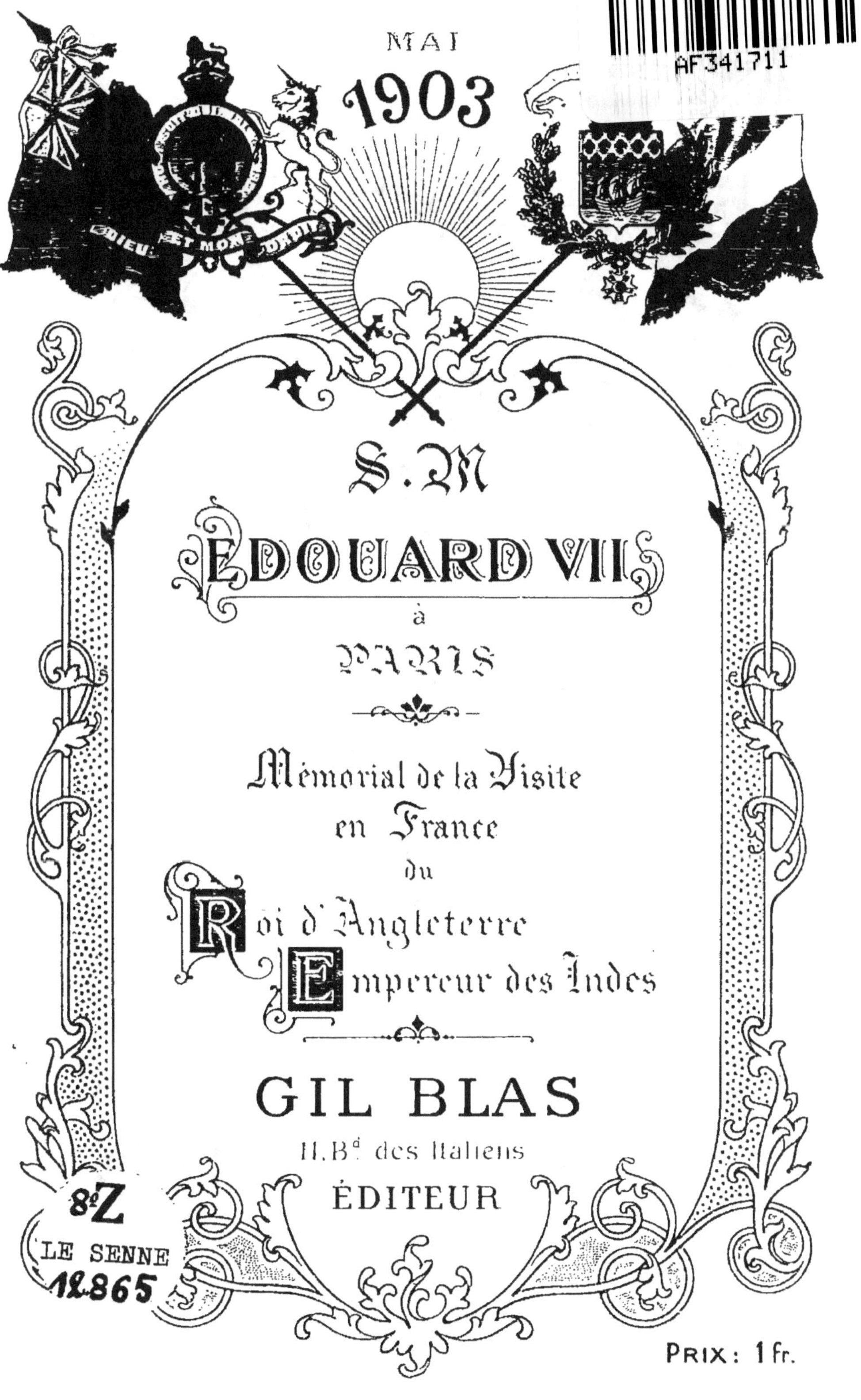

MAI
1903
S.M
EDOUARD VII
à
PARIS
Mémorial de la Visite
en France
du
Roi d'Angleterre
Empereur des Indes
GIL BLAS
H. Bd des Italiens
ÉDITEUR
PRIX : 1 fr.
DIEU ET MON DROIT
AF341711
8°Z
LE SENNE
12.865

WARING et GILLOW Ld.

Ont l'honneur d'annoncer que Sa
Majesté le Roi EDOUARD VII leur a
donné l'ordre Royal de meubler et
décorer le Yacht "VICTORIA-ALBERT"
sur lequel il a fait son voyage.

PRIÈRE DE VISITER L'EXPOSITION PERMANENTE

8, rue Glück et 29-31, boulevard Haussmann

→* PARIS *←

Imp J. MINOT, Paris

S. M. ÉDOUARD VII

A. PARIS

MÉMORIAL

DE LA

VISITE EN FRANCE

DU

Roi d'Angleterre

Empereur des Indes

Les 1er, 2, 3 et 4 Mai 1903

GIL BLAS

11, Boulevard des Italiens, 11

ÉDITEUR

Le **GIL BLAS,** sous sa nouvelle Direction, se classe parmi les journaux les plus parisiens, à la fois par la tenue littéraire de sa rédaction, son programme mondain et artistique et son souci constant des intérêts de Paris.

C'est dans cet esprit qu'il a saisi l'occasion de la visite du Roi Édouard VII pour demander qu'on lui fît une réception cordiale, digne à la fois de l'Hôte illustre qui vient en France et de la Ville de Paris qui le reçoit.

Le *Mémorial,* que le *Gil Blas* édite, répoud à cette préoccupation.

Nous ne devons pas oublier que le Roi Édouard, quand il était prince de Galles, avait fait de Paris sa ville de prédilection. Par ses séjours répétés parmi nous, il nous a donné la preuve de l'estime et de l'affection dans lesquelles il tenait ses hôtes. Ce souvenir eût été, à lui seul, suffisant pour dicter aux Parisiens leur conduite, s'ils avaient pu méconnaître l'importance chaque jour grandissante des intérêts économiques qui lient entre elles la France et l'Angleterre.

Deux exemplaires de grand luxe, spécialement tirés, seront offerts au Roi d'Angleterre et au Président de la République; d'autres volumes, numérotés à la presse, seront remis aux personnalités qui accompagnent en France Sa Majesté.

S. M. ÉDOUARD VII

Bienvenue !

C'est un parisien, l'un des plus aimables et qui a le mieux compris notre vieille Cité et admiré avec l'intelligence la plus compréhensive sa beauté, que nous recevons aujourd'hui.

'Les années qui se sont écoulées n'ont point courbé sa taille, alourdi sa démarche ou atténué la bonté proverbiale de son sourire.

Cependant aujourd'hui, notre hôte, hier encore, prince indépendant, est le puissant souverain d'une grande nation avec laquelle nous sommes en relations constantes. Il a toutes les graves responsabilités et les lourdes charges morales d'un Chef d'Etat.

Aussi sa visite actuelle, au milieu des pompes officielles et entourée des circonstances diplomatiques qui l'ont décidée, est-elle le gage précieux que le souverain de l'Angleterre se souvient des affections du Prince de Galles.

En descendant du train, à la petite gare décorée de la porte Dauphine, le roi Edouard VII apercevra les premières futaies verdoyantes de ce Bois de Boulogne qu'il connaît si bien, l'avenue, l'Arc de Triomphe et les Champs-Élysées, ces Champs-Élysées qu'il a parcourus maintes fois, et peut-être sourira-t il légèrement en apercevant sous les feuilles déjà poussées des arbres les légères constructions des cafés-concerts.

Cependant, tout le long de l'avenue triomphale, le

M. E. LOUBET

Président de la République

peuple de Paris qui aime ceux qui l'ont aimé, ceux qui ont compris son caractère primesautier, joyeux, mais fait aussi de loyauté et de bon sens, nuance la réception chaleureuse qu'il fait à son hôte d'un ton de respect.

Ce n'est plus le Prince de Galles, incognito, qui passe nonchalamment à pied, heureux de vivre dans le décor exquis de la ville, c'est S. M. Édouard VII, Roi d'Angleterre, Empereur des Indes qui, assis auprès du Président de la République française dans les voitures de gala, se rend au palais de l'Élysée, encadré par le peloton éclatant des cuirassiers.

Par cette visite, qui honore également les deux peuples, le roi Édouard VII tient à signifier qu'il ne peut y avoir entre la France et l'Angleterre, qui sont également à la tête de la civilisation en dépit des froissements superficiels et passagers qui naissent toujours entre voisins, que de bons rapports basés sur une estime et des intérêts réciproques.

C'est pour fêter cette affirmation autant que la personne même du Roi que Paris donne, à la réception qu'il fait à son hôte, ce caractère de cordialité respectueuse et de bonne humeur dont le *Mémorial*, que le *Gil-Blas* édite, assure le souvenir et note les échos.

A hearty welcome! — a pleasant visit to S. M. Edward VII in Paris!

Bienvenue au Roi d'Angleterre!

Comte de Saint-Maurice.

S. M. LA REINE D'ANGLETERRE

S. M. ÉDOUARD VII

Le roi Édouard VII naquit à Londres le 9 novembre 1841. La reine Victoria avait tenu sa parole ; en effet à la naissance de son premier enfant la reine avait demandé au prince Albert : « Êtes-vous content de moi ? — Oui, avait répondu le prince, je crains seulement que la nation n'éprouve du désappointement, lorsqu'elle apprendra que c'est une fille. — Le prochain sera un garçon je vous le promets », avait repris la reine.

Toute l'Angleterre fut dans l'allégresse lors de la naissance du prince de Galles.

Ce titre de prince de Galles a été conféré trente-sept fois, dix-neuf fois à des princes indépendants de 840 à 1283 et dix-huit fois à des princes anglais.

Les princes de Galles qui ont régné sont au nombre de onze : Édouard II, Richard II, Henri V, Édouard V, Henri VIII, Charles Ier, Charles II, Georges II, Georges III, Georges IV et Édouard VII.

Édouard VII reçut une éducation des plus sérieuses et travailla avec acharnement, à tel point qu'on craignit un moment pour sa santé ébranlée par un réel surmenage. On fit alors voyager le jeune prince dans toutes les parties du monde.

Vu le long règne de la reine Victoria, le prince de Galles resta confiné dans des attributions mondaines et sut tirer parti de sa situation pour se poser en arbitre et guider la société anglaise en lui faisant abandonner une partie de ses préjugés d'autrefois, et la façonnant à une nouvelle école.

De plus, l'héritier du trône d'Angleterre n'est jamais resté sourd à la voix grave du devoir : chaque fois que le pays eut besoin de lui, il quitta sans hésiter ses plaisirs et ses occupations et sut rester le premier sujet de la reine pour donner l'exemple du vrai loyalisme.

Le 10 mars 1863, le prince de Galles épousa la princesse Alexandra-Caroline-Marie-Charlotte-Louise-Julie de Schleswig-Holstein-Sonderbourg-Glucksbourg, née en 1844 au palais de Gûle à Copenhague. Ce mariage tout d'inclination fut accueilli avec grand enthousiasme par la nation anglaise.

La future reine d'Angleterre, aux cheveux blonds dorés, dans toute la beauté scandinave, sut vite conquérir la société britannique et devint le centre d'une cour élégante et gaie. L'épouse du prince de Galles mérite notre respectueuse affection, car elle n'a jamais, même dans des moments où il y avait grand courage à le faire, caché toute sa sympathie et ses préférences pour la France.

Jusqu'à son élévation au Trône, Édouard VII voyagea beaucoup et représenta la Reine dans plusieurs circonstances.

En juin 1878, il vint à Paris d'une façon officielle à l'occasion de l'Exposition Universelle de cette époque. Il s'occupa très activement de la section anglaise et visita, avec grand intérêt, toutes les merveilles des industries et commerces de tous les pays.

Édouard VII était considéré par tous comme un arbitre dans toutes les questions mondaines et de la mode. Il a un peu bouleversé les coutumes en Angleterre; il a mis fin aux dîners se prolongeant par trop en réduisant le nombre des services, il a limité les discours et speechs, par lui les vins français ont été recherchés et surtout le champagne; le cigare qui était exclu a été toléré partout où se rendait le Prince de Galles même au château de Windsor.

C'est également sur lui que le monde se règle pour la coupe des vêtements, le choix des étoffes et des chapeaux.

Le Prince, dans les cercles, se montrait familier, bon garçon, sans aucune prétention ; il aime causer et fait causer.

Édouard VII a encouragé de sa présence toutes les grandes manifestations sportives de son temps, football, tennis, golf, courses de lévriers, courses nautiques, courses hippiques ; il a lui-même une écurie de courses depuis 1880.

Il est, néanmoins, à remarquer que rarement le Prince de Galles a été vu sur nos champs de courses le dimanche, cela tient à l'observance de ce jour religieux.

Le canotage fut un de ses sports favoris, à Oxford et à Cambridge il prit part à de dures séances d'entraînement. Dans la Semaine d'Ascot il était un des plus forts champions d'endurance sur le lac de Virginia-Water.

Le Prince excellait également dans le tennis qu'il pratiquait journellement même à bord des bateaux.

Jeux de boules, de billard, la danse, le patin n'avaient pas de secrets pour ce sportsman éprouvé.

Devenu Roi, le Prince de Galles a dû renoncer à tout ce qui faisait son existence autrefois. La transformation a été complète, et nous devons à ce sujet citer l'impression d'un membre du Conseil privé, le soir même de la première séance présidée par Édouard VII : « Nous avons tous été surpris du changement que nous avons remarqué dans la personne du Roi. Le Prince que nous connaissions si bien semblait avoir disparu. A sa place, nous avons trouvé un tout autre homme, et nous avons aussitôt compris qu'une barrière invisible s'était tout à coup dressée entre lui et nous. Il avait une dignité que nous ne lui connaissions pas. En sa présence nous avons senti que nous étions en présence d'un Roi. »

La dernière visite que fit en France un souverain anglais eut lieu en 1855. Alors, la Reine Victoria se rendit à Paris. Voici quelques souvenirs de ce voyage :

LA REINE VICTORIA EN FRANCE

1855

Édouard VII, roi d'Angleterre et empereur des Indes a choisi pour rendre visite à la France le joli mois de mai.

C'est en mai que naquit sa mère la reine Victoria : la princesse vint au monde dans le mois des roses, ce qui la fit appeler par son père le duc de Kent, dernier fils de Georges III, sa « Jolie Fleur de Mai ».

A quatre heures du matin, la future souveraine de la Grande-Bretagne fit son entrée dans la vie, ce qui lui permit de répondre à son entourage, surpris de ses habitudes matinales, que, dès son premier jour, elle s'était levée de bonne heure.

La jeune princesse, rayonnante de beauté, la « Jolie Fleur de Mai » fut proclamée reine en juin 1837 et épousa en février 1840 le prince Albert de Saxe-Cobourg et Gotha.

Le 2 avril 1855, l'empereur Napoléon III accompagné de l'impératrice Eugénie se rendit en Angleterre pour inviter la reine à venir visiter l'exposition qui s'organisait au Palais de l'Industrie.

S. M. Victoria accepta l'invitation de la France. Ce fut un événement des plus considérables ; depuis la célèbre entrevue du Camp du Drap-D'or et depuis Jacques II, roi détrôné qui venait chercher un asile, aucun souverain anglais n'avait été vu en France, et cette visite fut considérée comme devant effacer les souvenirs cruels des luttes et des haines d'antan ; c'était aussi le présage d'un accueil fécond et durable entre les deux nations les plus puissantes de l'Europe à cette époque.

Le 17 août 1855, la Reine, accompagnée de son mari, le prince Albert, débarqua à Boulogne. L'Empereur des Français, suivi d'un brillant état-major, attendait les hôtes royaux.

Un train spécial amena les souverains à Paris, vers les sept heures du soir ; à la gare d'arrivée, le comte de Lawoestine, commandant la garde nationale, offrit une superbe gerbe de fleurs à la Reine.

Puis, douze voitures attelées à la Daumont, précédées de piqueurs, escortées par l'escadron des Cent-Gardes et les Guides, suivirent

LE GRAND TRIANON

Chambre à coucher de S. M. la Reine VICTORIA

(VOYAGE DE 1855)

les grands boulevards, défilèrent devant le Perron de Tortoni, la Madeleine, où deux statues gigantesques représentaient la France et l'Angleterre unies et alliées, et par la place de la Concorde, les Champs-Élysées, l'avenue de l'Impératrice, le Bois de Boulogne, gagnèrent le palais de Saint-Cloud, résidence impériale affectée aux augustes visiteurs.

S. M. Victoria, le prince Albert et tous les membres de la famille royale reçurent du public français et parisien l'accueil le plus empressé. Pour voir passer le cortège royal, un balcon de l'hôtel des Capucines fut payé 2,500 francs, un cabinet de restaurant 800 francs; les magasins, les appartements, les cafés étaient enguirlandés et ornés de devises, d'écussons et de drapeaux.

L'enthousiasme était indescriptible.

Après deux jours de repos, le 20 août eut lieu une visite assez longue à l'Exposition du Palais de l'Industrie, puis, en voitures Leurs Majestés se promenèrent dans Paris et en visitèrent les monuments avant de rentrer à Saint-Cloud, où, après le dîner, fut donnée une représentation théâtrale.

Le 21 août, les hôtes de la France furent conduits à Versailles et aux deux Trianon, qui furent l'objet d'une vive admiration; ils rentrèrent à Paris pour assister à une représentation de gala à l'Opéra de la rue Le Peletier. Le Louvre les reçut le 22 et, le même soir, la municipalité de Paris offrit aux souverains, dans le vieil Hôtel de Ville, une fête d'une magnificence inouïe; la Reine en fut charmée et déclara qu'Elle n'avait rien vu de plus beau et de mieux ordonné. Puis, une grande revue fut passée au Champ de Mars : les troupes défilèrent admirables de prestance et de correction ; à l'issue de la revue, la Reine, de sa propre volonté, se fit conduire aux Invalides, au tombeau de l'empereur Napoléon Ier, et vint rendre hommage aux restes du héros de Waterloo, du captif de Sainte-Hélène. Sa Majesté visita également la chapelle élevée à la mémoire du duc d'Orléans à Neuilly.

Les fêtes furent clôturées par une réception féerique au palais de Versailles ; ce fut un véritable spectacle des *Mille et une nuits*, terminé par un souper sur petites tables dans la salle de théâtre du palais.

Le 26 août la Reine quitta Paris au milieu des acclamations et des vivats de tout un peuple et regagna l'Angleterre par Boulogne.

Baron VERLY.

M. DELCASSÉ

Ministre des Affaires Étrangères.

Photographie P. NADAR, Paris.

S. E. Sir Edmond MONSON

Ambassadeur Plénipotentiaire et Extraordinaire.

Photographie Eug. PIROU. Paris.

PERSIMMON — GAGNANT DU DERBY

Appartenant à S. M. ÉDOUARD VII

Le Roi Edouard VII sportsman

S. M. Edouard VII possède une grande écurie de course. Il ne se contente pas seulement de faire courir; il consacre encore tous ses soins à l'élevage et son haras de Sandringham est un des studs les plus réputés en Angleterre.

Les grands hippodromes ont vu triompher les couleurs du roi, dans toutes les épreuves classiques qui sont l'orgueil des propriétaires. La casaque pourpre, tresses d'or, manches écarlates, toque noire et or, a remporté de nombreuses victoires aussi bien à Epsom qu'à Newmarket.

Les cinq prix qui composent le programme de la journée du 2 mai, portent le nom des principaux représentants de l'écurie du roi Edouard VII, Merrie-

Lassie et Perdita II, sont des poulinières de grande
valeur. Cette dernière est la mère de Diamond Jubilee
et de Persimmon. Ces deux chevaux, le second surtout,
sont deux célébrités du turf anglais.

Persimmon a gagné toutes les épreuves classiques,
le Derby, le Saint-Léger, la Coupe d'Ascot. Diamond-
Jubilee a de beaux états de services : les Deux mille
Guinées, le Derby, le Saint-Léger, réalisant ainsi le
triple event. Florizel est également un des bons représentants de l'écurie, bien que moins brillant peut-être
que ses camarades.

S. M. Edouard VII possède également un steeple-
chaser très réputé, le fameux Ambush II, qui gagna
le Grand national de Liverpool. Cette épreuve est à
peu près l'équivalent de notre Grand-Steeple d'Au-
teuil, mais la distance en est beaucoup plus longue,
7,200 mètres au lieu de 6,200, et les obstacles sont
aussi plus durs.

Tous les habitués des champs de courses ont encore
devant les yeux la sympathique physionomie du roi,
alors prince de Galles. C'est un fervent amateur de
courses qui ajoute à sa haute compétence la passion
du cheval.

Lorsque son poulain Persimmon gagna le Derby en
Angleterre, il descendit lui-même sur la piste et vint
au-devant de lui et le ramena par la bride au milieu
d'un enthousiasme indescriptible.

Nous ne pouvions pas avoir une attention qui lui
soit plus agréable que de donner en son honneur
une réunion de courses.

L'ensemble des épreuves réunissant les meilleurs
chevaux français, et parmi eux notre célèbre jument, la
Camargo, permettra au Roi de comparer les produits
de l'élevage français avec leurs rivaux anglais.

COURSES A LONGCHAMPS

Fac-similé de la Carte du Haras de S. M.

SANDRINGHAM STUD.

1902

<table>
<tr><td colspan="3" align="center">STALLIONS.
AT THE STUD FARM, SANDRINGHAM.</td></tr>
<tr><td align="center">NAME.</td><td align="center">SIRE.</td><td align="center">DAM.</td></tr>
<tr><td>PERSIMMON   1893</td><td>St. Simon
Hampton</td><td>Perdita II
Hermione</td></tr>
<tr><td>DIAMOND JUBILEE   1897</td><td>St. Simon
Hampton</td><td>Perdita II
Hermione</td></tr>
<tr><td colspan="3" align="center">AT THE HEATH STUD FARM, NEWMARKET.</td></tr>
<tr><td align="center">NAME.</td><td align="center">SIRE.</td><td align="center">DAM.</td></tr>
<tr><td>FLORIZEL II   1891</td><td>St. Simon
Hampton</td><td>Perdita II
Hermione</td></tr>
</table>

All applications to be made to

LORD MARCUS BERESFORD,

32, St. James's Street, LONDON.

PARIS

RÉUNION EXTRAORDINAIRE

En l'honneur de S. M. le ROI d'ANGLETERRE

Samedi 2 Mai 1903, à 2 heures

PRIX PERDITA	PRIX DIAMOND-JUBILEE
5,000 francs. — Distance : 2,100 mètres environ. (Grande piste).	5,000 francs. — Distance : 2,100 mètres environ. (Grande piste.)

PRIX MERRIE-LASSIE

10,000 francs. — Distance : 2,400 mètres environ. (Grande piste.)

PRIX PERSIMMON

25,000 francs. — Distance : 2,400 mètres environ. (Grande piste.)

MM.		kil.	MM.		kil.
A. Abeille	5 La Camargo	66	Jules Bayaut	3 Oscar Quoi	48
Oppenheim	5 Crésus	62	Oppenheim	3 Honduras	48
Camille Blanc	4 Retz	61½	B. Chao	3 Le Tsar	48
Baron de Forest	4 Lognes	61	Edmond Blanc	3 Tigellin	48
W. Barker	5 Passero	59	Comte de Bresson	3 Germain II	48
F. Charron	4 Barde	58	Comte de Fels	3 Etang d'Or	48
Oppenheim	4 Surprenant	58	W.-K. Vanderbilt	3 Marigold	48
C. H. de Pourtalès	4 Olivarez	58	P. Aumont	3 Camisole	46½
E. de Saint-Alary	4 Arizona	58	M. Caillault	3 Perm	46½
R. de Monbel	4 Liliom	58	E. Veil-Picard	3 Rafale	46
Camille Blanc	5 Doris II	57½	W. Barker	3 Lavandier	45
Comte de Fels	4 La Dragonne	56½	J. de Brémond	3 Le Vidame	45
Ephrussi	3 Avignon	48	M. Caillault	3 Révellion	45
Ephrussi	3 Toast	48	Comte de Bresson	3 Reluisant	45

PRIX FLORIZEL

(HANDICAP)

15,000 francs. — Distance : 3,000 mètres environ. (Grande piste.)

Un gagnant après la publication des poids portera 3 kil. 1/2 de plus; d'un handicap, 6 kil.

MM.		kil.	MM.		kil.
Oppenheim	5 Crésus	62	Vte G. de Fontarce	4 Winnipeg	49
Oppenheim	4 Surprenant	61	Edmond Blanc	3 Imperator	49
G. Aubry	4 Coup Double	60½	James Moore	3 Monarch	49
M. Caillault	4 Kara	60¼	P. Aumont	4 Verneuil	48½
C. H. de Pourtalès	4 La Loreley	60	M. Caillault	3 Morning Star	47½
M. Caillault	5 Doux Pays II	59	T.-P. Thorne	3 Hip Hip Hurrah	47½
E. Veil-Picard	4 Sardanapale	58½	I. Wysocki	4 Fayence	47
J. de Brémond	4 Kakimono	57½	Camille Blanc	3 Wide Awake	47
E. de Saint-Alary	4 Basse-Terre	57	E. Veil-Picard	3 Rafale	46½
E. de Saint-Alary	4 Knicknack	56½	Edmond Blanc	3 Pétrone	46½
P. Aumont	4 Gabrielle d'Estrées	56½	G. Ledat	3 Bastien	45
J. Gadola	5 Amérique	56	A. Abeille	4 L'Africaine	45
Camille Blanc	5 Doris II	55½	Oppenheim	3 Honduras	44½
P. Aumont	4 Silviane	55½	J. de Brémond	3 Le Bonheur	44
R. Mills	4 Récaldia	55½	M. Caillault	3 Magenta	44
Frank Gardner	4 Nivernais	55	M. Caillault	3 Ducat	44
L. Bermejillo	4 Eléphantine	54½	J. de Soukozanette	3 Torquato Tasso	44
E. Veil-Picard	4 Parade	54	M. Caillault	3 Brézonec	43½
Prince Murat	4 Surcouf	53	Pollak	3 Le Griffon	43
Baron de Forest	4 Le Mandinet	53	E. Veil-Picard	3 Le Tartare	42½
P. Aumont	4 Radieuse	52	A. Mathyssens	3 Boër	42
L. Mérino	3 S. A. R.	52	H. Maurice-Richard	3 Lobélie	41½
G. Aubry	4 Rose Rose	51	J. de Brémond	3 Rosière	41
A. Merle	4 La Morée	50½	J. Gadola	3 Réfractaire	40½
W. Barker	4 Hathor	50	L.-N. André	3 Beau Sire II	40
Oppenheim	4 Abydos	49½			

PROGRAMME

DE

Réception du Roi

VENDREDI 1er MAI

S. M. est accompagnée durant son séjour en France d'une suite de six hauts fonctionnaires : l'honorable C. Hardinge, ministre plénipotentiaire ; le major général sir Stanley Clarke, maître de la cour en fonction ; l'honorable H. Lambton, contre-amiral ; l'honorable S. Fortescue, capitaine ; le capitaine Ponsonby, ces trois derniers écuyers, et sir Francis Laking, le médecin bien connu du roi. M. de Martino, le peintre de marines, qui a pris part au voyage à travers la Méditerranée, est également du voyage en France.

Arrivée à la gare de la Porte-Dauphine à deux heures cinquante-cinq. Aller au palais royal par l'avenue du Bois-de-Boulogne, la place de l'Etoile (côté droit), les Champs-Elysées, la place de la Concorde, la rue Royale et le faubourg Saint-Honoré. A cinq heures, **visite du Roi au Président de la République,** par le faubourg Saint-Honoré jusqu'à l'Elysée. **Soirée à la Comédie Française :** aller et retour, faubourg Saint-Honoré, rue Royale, rue de Rivoli, rue de Rohan, place du Théâtre-Français.

SAMEDI 2 MAI

Revue à Vincennes, à dix heures du matin. Aller par la rue Royale, les rues de Rivoli et Saint-Antoine, la place de la Bastille (côté droit), la rue de Lyon, l'avenue Daumesnil, la porte de Picpus, et, dans le bois de Vincennes, route des Tribunes, route de la Tourelle à Gravelle, route de la Ferme. Retour, dans le bois, par la route de la Ferme, la route de la Pyramide, l'esplanade du Château et l'avenue Daumesnil ; dans Paris, même itinéraire qu'à l'aller jusqu'à la rue de Rohan, puis rue de Rohan, avenue de l'Opéra, rue de la Paix, rue de Castiglione, rue de Rivoli, etc. Le Président de la République et

GÉNÉRAL

LA
d'Angleterre à Paris

S. M. Édouard VII arriveront à Vincennes à 10 heures du matin. Les troupes passées en revue s'élèvent à 10.000 hommes sous le commandement du général Faure-Biguet, gouverneur de Paris. Les musiques joueront le *God save the King* et la *Marseillaise*.

Réception à l'Hôtel de Ville.

Courses à Longchamp à deux heures et demie. Aller et retour par la rue Royale, place de la Concorde, Champs-Élysées, avenue du Bois, route de Suresnes, allée de Longchamp aux Lacs, allée de Longchamp, route des Tribunes.

Dîner à l'Élysée et gala à l'Opéra. Aller par la rue Royale, les boulevards, la place de l'Opéra, la rue Halévy (entrée par la porte des abonnés). Retour par la place de l'Opéra, la rue de la Paix, la rue de Castiglione, la rue de Rivoli et la rue Royale.

DIMANCHE 3 MAI

Déjeuner aux affaires étrangères. Aller et retour par la rue Royale, la place et le pont de la Concorde, le quai d'Orsay.

LUNDI 4 MAI

Départ, huit heures du matin. Gare des Invalides, par le faubourg Saint-Honoré, l'avenue de Marigny, l'avenue Nicolas II et le pont Alexandre III.

Les admirables décorations de Paris sont dues en partie à l'initiative de M. AUCOC pour la rue de la Paix, et de M. JANSEN pour la rue Royale.

Mme ACKTÉ
Mme HÉGLON
Mlle PIERRAT
Mlle ZAMBELLI
Mlle TORRI

COMÉDIE FRANÇAISE

SOIRÉE EXCEPTIONNELLE

En l'honneur de S. M. Édouard VII

Programme du Spectacle

L'AUTRE DANGER

Comédie en quatre actes, en prose, de M. MAURICE DONNAY

MM.

LE BARGY	*Freydières.*
DE FÉRAUDY	*Étienne.*
DEHELLY	*Layunais.*
JOLIET	*Monsieur Jadain.*
LOUIS DELAUNAY	*Heybens.*
CROUÉ	*Clémentier.*
HENRY MAYER	*Ernstein.*
GARRY	*Prabert.*
LAUMONNIER	*Un jeune homme.*

Mᵐᵉˢ

BARTET	*Claire.*
THÉRÈSE KOLB	*Madame Jadain.*
DELVAIR	*Madame Ernstein.*
GÉNIAT	*Madame Chenevas.*
FAVA	*Madame Lacorte.*
PIERRAT	*Madeleine.*

M. RAMEIS, Mᵐᵉˢ FAYLOS, ROBINE.

GALA A L'OPÉRA

PROGRAMME DE LA REPRÉSENTATION

2 MAI — GALA

Marche du Couronnement. . . . . SAINT-SAENS.

Ballet du **Cid** . . . . MASSENET.
   Mᴵˡᵉ ZAMBELLI, M. LADAM.

Duo de **Samson et Dalila**. . . . . . SAINT-SAENS.
   Dalila. . . . . . . Mᵐᵉ HÉGLON.
   Samson . . . . . . M. ROUSSELIÈRE.

La STATUE *(2ᵉ Acte)* . . . . REYER.
   Margyane. . . . . . Mᵐᵉ ACKTÉ.
   Sélim. . . . . . . MM. AFFRE.
   Amgiad . . . . . . DELMAS.
   Kaloun Barouck . . . BARTET.
   Monck . . . . . . LAFFITTE.
   Ali. . . . . GALLOIS.

BALLET : Mᴵˡᵉˢ PIODI, LOBSTEIN, TORRI.

M. SAINT-SAENS

Auteur de **" Samson et Dalila "**.

M. DONNAY

Auteur de " L'Autre Danger ".

A S. M. EDOUARD VII R. I.

O Sire ! la vieille Lutèce,
— La Nef flotte et ne sombre pas ; —
Dit : « Il va revenir ? quand est-ce ? »
Elle a reconnu votre pas.
Car vous êtes — Paris fourmille
De vos souvenirs à foison ! —
Comme quelqu'un de la famille
Qui rentrerait à la maison.

Par dessus les tours Notre-Dame
La tour Eiffel, qui voit de loin,
De son tournant regard de flamme,
Fouille l'horizon avec soin.
Haussant leurs têtes inégales
Les arbres du Bois, dans le vent,
Murmurent : « Le prince de Galles ?
Nous l'avons vu passer souvent ! »

Sire ! le légendaire asphalte
Du vieux boulevard, votre ami,
Vibre d'allégresse et s'exalte
Ce qui fut Tortoni frémit !
Dans l'air flotte comme une haleine,
La vague chanson du hurrah !
Du rond-point de la Madeleine
A la place de l'Opéra !

Car vous êtes roi d'Angleterre
Et de mille pays divers ;
Souverain sur mer et sur terre
Des champs dorés et des flots verts ;
Mais vous avez — ce qui fleuronne
Votre diadème sans prix, —
Ce joyau dans votre couronne :
D'être citoyen de Paris !

GIL BLAS.

La Chambre de Commerce anglaise

A PARIS

La Chambre de Commerce anglaise à Paris est une des institutions commerciales qui auront le plus contribué à l'établissement de relations cordiales entre la France et l'Angleterre.

Connaissant à merveille les nécessités économiques qui dominent la politique des deux pays, elle aura par sa légitime influence et son intervention toujours efficace déterminé l'amélioration de ces rapports et assuré le progrès constants des conditions matérielles du commerce international.

Le Bureau de la Chambre de Commerce a été ainsi constitué à la suite des élections de l'année :

O. E. BODINGTON, *Président,*
H. MILLINGTON-DRAKE, *Vice-Président.*
W. C. ROBERTSON, *Trésorier,*
T. LONGHURST, *Secrétaire.*
ABLETT, W. J.
BARCLAY, E. G., LL. B.
DELANO, W. H.
FLETCHER, H. F.
HANNING, W.
HOUNSFIELD, T. C.
MAIN, MELVILLE, P.
PATON, A.
PILTER, JOHN G.
POLLOCK, J. L.
ROLLIT, Sir ALBERT K.

M. W. WIEHE, qui est le *Secrétaire général* de la Chambre de Commerce, au service de laquelle il dépense l'énergie la plus intelligente est depuis vingt années le directeur d'une importante maison de sucre. C'est en même temps un sportsman très distingué et un homme du monde affable qui a beaucoup voyagé aux Indes et à Maurice où il ne compte, comme à Paris, que des amis.

Il s'occupe avec passion de l'établissement, entre la France et l'Angleterre, d'un nouveau traité de commerce qui améliorerait encore les relations entre les deux pays.

Parmi les membres de la Chambre de Commerce les plus en vue, citons MM. MILLINGTON-DRAKE ; W.-C. ROBERTSON ; W. HANNING, l'ingénieur si distingué ; John PILTER, le fondateur de la Chambre de Commerce ; J. POLLOCK, un des plus importants commissionnaires en marchandises de Paris ; le représentant de la puissante maison de Montréal W.-C. HODGSON ; W.-J. ABLETT, un des négociants les plus estimés à Paris comme à Londres ; T. LONGHURST ; T.-C. HOUNSFIELD, dont les sympathies françaises sont bien connues ; mais il faudrait citer ici tous les noms du Jear's book, qui est un véritable Panthéon du commerce franco-anglais.

Sous la présidence de M. O.-E. BODINGTON, le très distingué avocat, la Chambre de Commerce anglaise aura brillamment fêté l'arrivée du Roi d'Angleterre ; l'adresse qu'elle présente à Sa Majesté en audience à l'ambassade d'Angleterre et que nous donnons d'autre part, est un petit chef-d'œuvre de simplicité, de dignité et de bon sens.

La Chambre de Commerce anglaise aura puissamment contribué, par ses efforts intelligents et soutenus, à cette entente cordiale que tous les amis du progrès humain doivent souhaiter.

To the King's most Excellent Majesty

MAY IT PLEASE YOUR MAJESTY,

We, the Members of the British Chamber of Commerce of Paris, rejoice at the occasion of Your Majesty's visit to Paris, which affords us the welcome opportunity of conveying to Your Majesty the assurance of our devoted loyalty to Your Majesty's Person, and Family Throne.

We express the hope that the commercial relations between Your Majesty's Dominions and the French Republic, which have been the earnest concern of our Chamber for more than thirty years may be further strengthened and developed through Your Majesty's visit,

And we devoutly pray that Your Majesty may long be spared to rule over your loyal and devoted subjects.

Nos Relations Économiques avec l'Angleterre

L'Angleterre est incontestablement notre meilleur client. Chaque année son commerce et son industrie viennent s'approvisionner chez nous des produits qui leur manquent, et constituent ainsi une des principales sources de revenu de l'activité économique française.

Au surplus, quelques chiffres dans leur simplicité un peu aride, prouveront ce que nous avançons mieux qu'aucun discours.

La valeur des marchandises échangées, en 1901, par la France et l'Angleterre, s'élève à 1,931 millions de francs. Les différentes transactions entre ces deux pays atteignent approximativement 2 milliards et demi ou 3 milliards.

Depuis 1892, la balance commerciale a passé de 1,557 à 1,931 millions, suivant une marche régulièrement progressive, et réalisant, en huit ans, une plus-value de 598 millions, soit 38,6 p. 100.

Notre commerce extérieur se totalise par 8,880 millions. L'Angleterre représente à elle seule 22,8 p. 100 de notre activité économique, et occupe le premier rang, avec une avance de 949 millions sur les échanges franco-belges, qui viennent immédiatement après avec 982 millions.

Mais, les exportations et les importations ne se répartissent pas également. Alors que nous n'avons acheté aux Anglais, en 1901, que pour 667 millions, ceux-ci nous ont payé 1,264 millions. De 1896 à 1901, le chiffre des marchandises acquises par l'Angleterre s'est accru de 22,7 p. 100, suivant une augmentation proportionnelle à celle de notre trafic général avec elle.

Quoi de plus éloquent que ces chiffres ! Tous les producteurs français, sans distinction aucune, sont intéressés au développement des relations économiques avec notre voisine.

En effet, à côté des produits de notre sol, eaux-de-vie, vins, fruits, primeurs, ardoises, etc., dont les ventes s'élèvent annuellement à 213 millions, se placent les articles de Paris, l'horlogerie, la bijouterie, les objets façonnés de toute nature, qui atteignent, grâce à l'ingéniosité de nos artisans, ce merveilleux fini de fabrication si prisé de l'autre côté de la Manche. Ces différentes branches de l'industrie française exportent en Angleterre pour 85 millions.

La science agricole de nos paysans fait triompher sur les marchés britanniques nos beurres, nos œufs, nos graines, nos betteraves à sucre. Et 213 millions sont venus, en 1901, récompenser le travail et la patience de nos ouvriers des champs.

Enfin, les tissus de soie et de laine, tous les objets qui ont trait à la parure féminine, la céramique et la verrerie, les automobiles, etc., participent pour 700 millions au total annuel de nos opérations commerciales avec le Royaume-Uni. Tous ces objets où le bon goût, le sens artistique ou l'ingéniosité français se dépensent si largement n'ont pas de plus fidèles admirateurs que les Anglais.

Quelques détails éclairciront la question. Nos vins, par exemple, représentent, dans nos exportations à destination d'Angleterre, l'énorme somme de 64,656,000 francs. Les champagnes contribuent à ce chiffre pour 43,731,000 francs à eux seuls.

Nos fleurs de Nice et de Provence atteignent 3,156,000 francs, nos œufs 12,500,000 francs, nos beurres 48,777,000 francs. Les Anglais nous prennent encore pour 19 millions de francs d'articles de Paris, pour 6,363,000 francs de meubles et ouvrages de bois, pour 9,389,000 francs de bijouterie, pour 8,908,000 francs d'horlogerie.

Les tissus de soie, les rubans, les passementeries que nous leur vendons s'élèvent à 137 millions, les soies, bourres et filés à 15 millions, les tissus, rubans et passementeries de laine à 132 millions, les laines à 39 millions, les cotonnades à 21,183,000 francs, les objets relatifs à la parure des femmes, à 174,500,000 francs, et ce chiffre, déjà énorme, augmente sans cesse. Nous leur livrons également pour 25,115,753 francs de gants et chaussures, pour 10,016,000 francs d'automobiles et de carrosserie, pour 15,344,247 francs de porcelaine, verrerie et céramique, pour 47,141,000 francs de produits chimiques spéciaux et enfin pour 55,314,000 francs de produits métallurgiques.

Et encore ce ne sont que les principaux articles fabriqués chez nous qui passent en Angleterre. Une foule d'autres contribuent pour des chiffres moins élevés à nos expéditions.

Mais nos relations commerciales ne s'arrêtent pas là. Les Anglais ne se contentent pas de nous acheter nos produits, ils viennent encore, chaque année, visiter nos villes d'eaux, nos universités, nos musées. Ils se plaisent en France, sous notre climat tempéré. Nos stations du littoral de la Méditerranée les attirent en hiver. Nos plages de Normandie, de Bretagne, de l'Océan les reçoivent en été.

Un français économiste, a calculé que les cent quatre-vingt mille étrangers *de luxe* qui vivent ou séjournent en France dépensent en moyenne 30 francs par jour, soit 2 milliards de francs par an. Les Anglais contribuent pour 500 millions environ à ce total.

Le chiffre des paiements effectués par l'Angleterre à la France dépasse donc 1,574 millions, comme nous l'avons dit au début de cette étude.

Il importe donc, dans l'intérêt même des relations économiques des deux pays, que les gouvernements prennent des mesures pour les développer. Ce devrait être là un des résultats pratiques du voyage de S. M. Edouard VII en France.

Automobiles

DE

DIETRICH & CIE

25, Rue Brunel, 25

PARIS

8, 12, 16, 24 et 45 chevaux

Voiture de Dietrich, 24 chevaux.

La meilleure Voiture

DU TOURISTE

PAVILLON de L'ÉLYSÉE

CARRÉ MARIGNY

CHAMPS-ÉLYSÉES

Téléphone 128-47

La plus jolie situation

des Champs-Élysées

en face les

Grands Palais.

DÉJEUNERS

DINERS

CONCERT

FIVE O'CLOCK

FLEURI

Orchestre

tzigane

PAVILLON DE L'ELYSÉE, édifié en 1898, Champs Elysées (Carré Marigny)

Restaurant choisi de préférence
par le " Tout-Paris " et par l'Aristocratie Étrangère

PARIS, GRAND-HOTEL

Boulevard des Capucines et Place de l'Opéra

1,000 CHAMBRES & SALONS

NOMBREUX APPARTEMENTS

avec Salles de bains et W.-C. privés

Chauffage central et Téléphone dans toutes les Chambres

Table d'hôte dans la
grande Salle des Fêtes

Concert pendant le dîner

Restaurant à la carte
donnant sur la Cour d'honneur

Salon de lecture
Journaux du monde entier

Salle de Billards, Bar américain
Salon de Coiffure

Sous-agence des Wagons-lits

Le PLAN-TARIF

est envoyé franco sur demande

PAILLARD

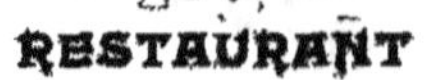

L'Aristocratie française et étrangère ne fréquente guère à Paris plus de quatre ou cinq restaurants. Mais nos Hôtes : Royaux connaissent, surtout, PAILLARD. La reine d'Angleterre y dînait encore tout récemment avec son frère, le roi Georges, de Grèce.

Outre l'agrément d'être entouré par si haute et noble compagnie, nul n'ignore que la chère y est exquise et digne de notre réputation universelle.

Vous arrosez cette chère délicate des crus qui seuls auraient suffi à établir la renommée si justement méritée de notre grand restaurateur.

Enfin pour terminer le repas, si vous êtes dans les bonnes grâces de la maison, vous demandez à M. Paillard lui-même de sa fine-champagne, si merveilleuse que chaque bouteille qui disparaît lui arrache un soupir de tristesse et de regret.

Machine à Écrire "UNDERWOOD"
A ÉCRITURE ABSOLUMENT VISIBLE

PARIS 1900
La plus haute Récompense
MÉDAILLE D'OR

1901 Exposition de VENISE
PREMIER GRAND PRIX

1901 Expos⁰ⁿ de BUFFALO
La plus haute Récompense
MÉDAILLE D'OR

La Machine à Écrire " **UNDERWOOD** " reçoit les plus hautes récompenses dans toutes les Expositions et devient fournisseur des Grandes Administrations en France et à l'étranger.

Nous appelons votre attention sur les commandes suivantes :

ÉTATS-UNIS. Ministère de la Guerre, par contrat, **150** machines à la fois; Ministère de la Marine, par contrat, **250** machines à la fois.

GOUVERNEMENT DES INDES : 200 machines.

FRANCE. — Compagnie Paris-Lyon-Méditerranée **150** machines " Underwood " et la Compagnie du Midi **20**.

La plus rapide,
La plus solide,
La plus simple,
La plus complète,
La plus pratique des machines existantes.

MM. JOHN UNDERWOOD & Cie
PARIS — 110, Rue Réaumur, 110 — PARIS

MAISON
DU
JOCKEY-  
CLUB
TAILLEURS

104, Rue de Richelieu

1. — Canotier de paille bleu, entouré de cerises
et orné, devant et en cache-peigne, de nœuds plats
à coques superposées en velours turquoise.

2. — Canotier tout en paille rose et aubergine
formant une large fleur ; mêmes fleurs de paille en
cache-peigne.

GRANDE IMPRIMERIE ARTISTIQUE J. MINOT, 34, RUE DES MARTYRS, PARIS

GIL BLAS
le plus Littéraire
le plus parisien
des Journaux
GIL BLAS
n'a que
4 pages
TOUT EST A LIRE